GAËL LE NEILLON

LES P'TITS CREAZENS

DIY RÉCUP

La magie du renouveau

12 projets pour créer
sans rien jeter

Sommaire

OFFIR

MON
TOTEM
12

MES DESSINS
EN SÉRIGRAPHIE
16

MES PETITES POULES
À ACCROCHER
20

MON MOBILE
PETIT BATEAU
24

DÉCORER

MON AQUARIUM 30

MA DRÔLE DE FAMILLE 34

MES JOLIES ROSACES TISSÉES 38

MES MASQUES DÉCO RIGOLOS 42

JOUER

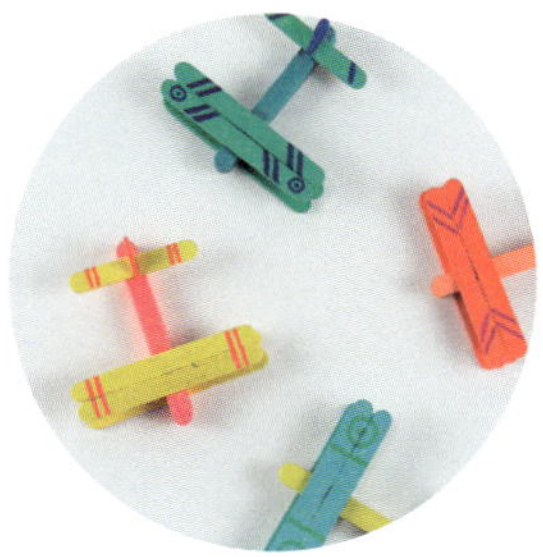
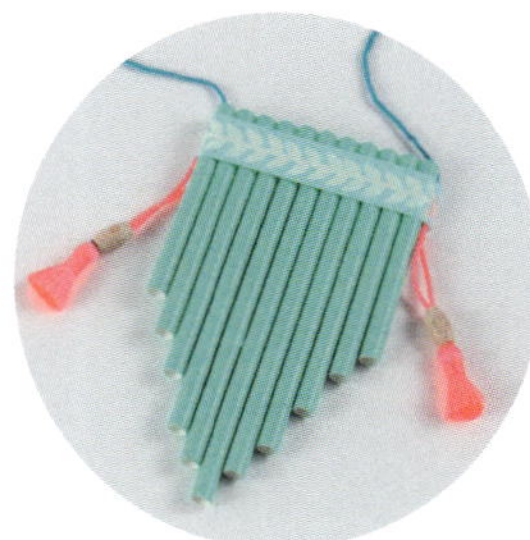

MES VOITURES DE COURSE 48

MES PETITS AVIONS 52

MA FLÛTE DE PAN 56

MON JEU DE DOMINOS 60

Les P'tits Créazens expliqués aux parents

Par Estelle Guihard

Dans cette collection sont réunis deux éléments très importants : l'art de se poser et celui de créer ensemble.

ÊTRE ZEN, QU'EST-CE QUE C'EST ?

« Zen », cela veut dire simple et essentiel. L'art d'être zen, c'est cultiver une attitude qui permet de revenir aux choses simples et essentielles. J'adore partager l'art d'être zen, parce que ça fait du bien, parce que c'est bon d'être là pour de bon ! J'ai découvert cet art en Dordogne, au Village des Pruniers, un centre de pratique fondé par le maître zen Thich Nhat Hanh, qui accueille chaque été plusieurs centaines de familles. C'est là que je l'ai entendu prononcer cette phrase si profonde :

« Aimer, c'est être là ! Comment voulez-vous aimer si vous n'êtes pas là ? »

Ça coule de source ! Et c'est d'ailleurs ce qu'expriment le plus souvent les enfants.
Lors des échanges parents-enfants, j'ai été frappée d'entendre la même requête de la part des enfants à leur famille : « faire des activités avec vous, jouer avec vous, qu'on prenne du temps ensemble ». C'était souvent bouleversant. Ils ne demandaient pas autre chose que du temps pour être ensemble !

Bien sûr, nous prenons du temps pour ranger la chambre, faire les devoirs, les lessives, les courses, les repas, mais nous offrons-nous vraiment du temps gratuit, du temps libre, du temps pour s'observer, s'écouter, imaginer et concevoir, faire des expériences ensemble, partir à l'aventure ensemble ? Alors, qu'attendons-nous ?

CRÉER ENSEMBLE... POURQUOI FAIRE ?

À 5 ans, l'enfant a déjà beaucoup appris : marcher, parler, manger... Et il s'apprête à entrer dans la cour des grands. Cela demande quelquefois beaucoup de courage. Cette étape du développement est riche en émotions ! Comment accueillir ses difficultés, le fait de devoir s'exercer, de ne pas réussir tout de suite, de recommencer ?

En accompagnant l'enfant âgé de 5 à 8 ans dans des activités manuelles et créatives, qui lui permettent de s'exercer, en étant nous-mêmes présents, attentifs, bienveillants, à son écoute et patients, nous lui permettons de se déployer à son rythme, de trouver le geste juste, le mouvement adéquat, la bonne façon de faire, l'attitude confiante et attentive.

Nous lui accordons le temps de ressentir, chercher et trouver par lui-même comment tenir les ciseaux, tracer une ligne, dessiner une courbe, colorier une forme sans contrainte de temps.

Nous lui offrons une respiration dans une vie si remplie, si brusque quelquefois.

Les activités manuelles sont une mine d'or d'enseignements pour transmettre à nos enfants tout ce qui leur permettra d'oser se tromper, proposer, recommencer... Elles permettent de stimuler la réflexion, de trouver les chemins pour résoudre une difficulté.

Créer ensemble, c'est parcourir un chemin, accomplir ensemble une aventure et se réjouir d'avoir réalisé quelque chose que l'on pourra offrir ou qui décorera notre maison.

EN TANT QU'ADULTE L'ESSENTIEL EST D'ÊTRE LÀ !

Comment faire ? S'accorder un temps pour être vraiment là et se rendre tout à fait disponible. Couper son téléphone quelques minutes (oui, oui !) et installer le décor : nettoyer le coin de table où l'on va se poser ensemble, rassembler ce dont on a besoin... La fête peut alors commencer !
Une heure suffit pour rassembler le matériel et réaliser l'activité. La réussite de ce moment dépend de la qualité de la présence : nous ferons de notre mieux en la cultivant, en essayant d'être à l'écoute, d'accompagner et de soutenir les propositions et les initiatives de nos enfants.

Il y aura des obstacles, des difficultés. Mais comme nous serons ensemble, nous trouverons la solution !
Efforcez-vous donc de ne pas faire à la place de l'enfant, mais plutôt de l'encourager : « Oui ! Bonne idée ! ».
Et si le premier projet n'est pas « parfait », quelle importance ? « Tu as vu, on s'est bien débrouillé ! Pas mal pour une première fois ! ». Alors on recommence...
Il y a tant à apprendre à observer un enfant qui s'exerce !
Au travers de ses hésitations, de ses impatiences ou de ses gestes passionnés, parfois maladroits, tant de choses vous seront révélées ! Elles vous permettront de mieux connaître votre enfant, de mieux l'accompagner.
Partager l'observation, l'écoute, le silence et les rires lorsqu'on dessine, assemble et fabrique ensemble est un moment unique.

Votre plus grand risque finalement, c'est de plonger vous-même dans la joie de créer... comme un enfant ! Être zen, c'est justement garder l'esprit vif et joyeux de l'enfant !

S'offrir un temps zen pour créer, c'est un cadeau,
pour votre enfant et pour vous.
C'est s'offrir tout simplement ce temps libre de tout
où il fait bon être et faire ensemble !

Matériel et conseils

Sais-tu que tu peux transformer un rouleau en carton en totem rigolo ? Et sais-tu aussi que tu peux fabriquer un aquarium avec le couvercle d'une boîte à chaussures ?

Facile et économique !

À travers 12 projets, tu vas apprendre à détourner des objets du quotidien tout en contribuant à préserver notre belle planète. Avec de la récup et un peu de matériel créatif, tu vas pouvoir créer plein de jolies choses originales et vraiment uniques !

Prépare en premier le matériel nécessaire pour ton activité :

Matériel créatif de base :

- Crayon à papier, stylo, feutres
- Ciseaux
- Règle
- Compas
- Colle multisupport
- Pistolet à colle
- Ruban adhésif (simple et double-face)
- Peinture et pinceaux
- Papiers colorés
- Feuilles de papier blanc
- Cutter
- Couteau
- Masking tape
- Plumes
- Perles
- Strass
- Petits crochets
- Grosse aiguille à laine
- Fil de coton ou ficelle
- Petits pompons
- Rubans
- Épingles à tissu

Dans ta boîte à récup :

- Grand rouleau en carton
- Barquette alimentaire en polystyrène
- Pinces à linge en bois
- Boîte à fromage en bois
- Cure-dents
- Boîte à chaussures
- Assiettes en carton
- Laine
- Grandes cuillères en bois
- Boîtes de 12 œufs vides
- Bouchons en liège
- Carton
- Bâtonnets en bois
- Pailles en papier
- Grande boîte d'allumettes vide

STOP AU GASPILLAGE !

Avec des assiettes en carton, des bâtonnets de glace, de la laine, des boîtes d'œufs, une paire de ciseaux et un tube de colle, fabrique un jeu de dominos, des avions, un mobile, des masques et bien d'autres choses que tu auras imaginées.

MA BOÎTE À RÉCUP

Regarde bien autour de toi et récupère des matériaux que tu vas pouvoir réutiliser pour tes prochaines créations.

Avant de jeter quelque chose (pot de yaourt, bâton de glace, emballages...), demande-toi si ça ne pourrait pas plutôt te servir à fabriquer un autre objet.

Et lorsque ce sera le moment de faire du tri chez toi, profites-en aussi pour faire un petit stock de matériel et de matériaux, que tu pourras ensuite utiliser lors de tes séances de bricolage ou de création artistique.

Range bien toutes tes trouvailles dans une boîte.

Récupère, transforme et surtout amuse-toi !

Ce symbole signifie que tu peux avoir besoin de l'accompagnement d'un adulte pour réaliser une étape de ta création.

PARTIE I

Offrir

MON TOTEM

MATÉRIEL

* Grand rouleau en carton
* Compas
* Morceau de carton
* Crayon à papier
* Règle, ciseaux
* Feutres
* Peinture, pinceaux
* Papiers colorés ou gommettes
* Colle multisupport ou ruban adhésif double face

Mi-aigle mi-taureau, ce totem est un cadeau magique que tu peux fabriquer ! L'oiseau est libre et il voit très loin. Le taureau, lui, est plein de confiance, bien posé sur la terre.

ÊTRE ZEN, C'EST SE SENTIR LIBRE ET CONFIANT

Pose bien tes pieds sur le sol, comme si tu pesais lourd, lourd, lourd… Puis fais 5 pas, comme si tes pieds laissaient une empreinte dans le sol. Stop ! Maintenant sens ta respiration qui va et vient dans ta poitrine, puis recommence à marcher. Sens-tu comme tu peux être léger comme l'oiseau et bien posé et confiant comme le taureau au même moment ?

Astuce :

Si tu n'as pas de grand rouleau en carton, utilise plusieurs rouleaux de papier toilette et fixe-les ensemble avec du ruban adhésif.

LES PAS-À-PAS :

1

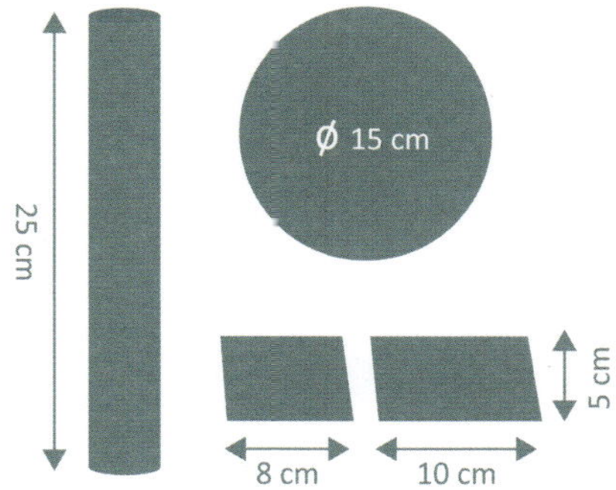

À l'aide d'un compas, dessine sur le morceau de carton un cercle et 2 rectangles aux dimensions indiquées sur l'image. Découpe-les.

2

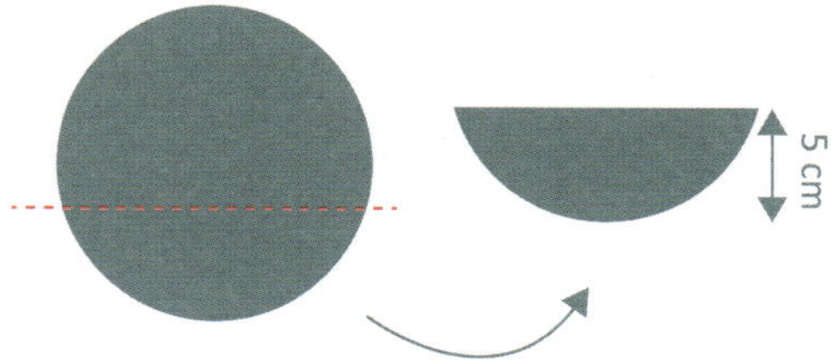

Pour faire les ailes, trace un trait dans le bas du cercle à l'aide d'une règle, à 5 cm du bord, puis découpe le long de la ligne pour obtenir un tiers de cercle.

3

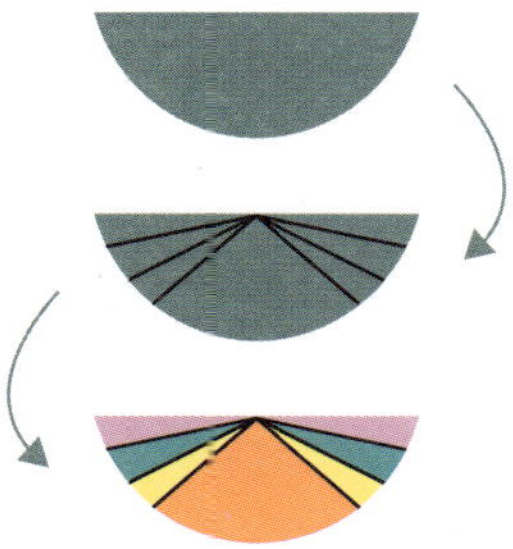

Dessine des rayons avec la règle et un crayon, puis colorie les ailes avec des feutres ou de la peinture. Une fois que c'est sec, tu peux repasser sur les traits avec un feutre noir.

4

Sur les 2 rectangles de carton, dessine des plumes d'aigle et des cornes de taureau. Découpe les formes et colorie-les ou peins-les.

5

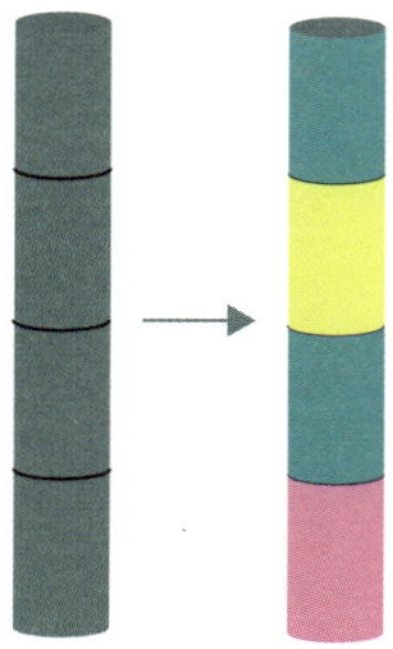

Divise le rouleau en carton en 4 parties égales. Pour cela, trace un premier trait au milieu, puis trace à nouveau un trait au milieu de chaque partie. Peins le rouleau en alternant 3 couleurs.

6

Pour que les séparations entre les couleurs soient plus nettes, tu peux coller des bandes de papier noir ou marquer la ligne avec un feutre.

7

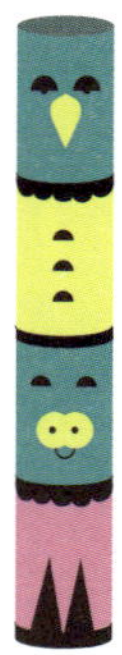

Décore le totem et crée un visage d'aigle et de taureau. Pour cela, utilise ce que tu as sous la main : feutres, papiers colorés, gommettes, etc.

8

Colle les plumes, les ailes et les cornes à l'arrière du rouleau en carton avec de la colle ou du ruban adhésif double face.

MES DESSINS
en sérigraphie

MATÉRIEL

* Barquette alimentaire en polystyrène
* Crayon à papier ou stylo
* Peinture, pinceaux
* Feuilles de papier
* Feutre foncé

La sérigraphie, c'est génial ! Tu creuses la matière, tu mets de la couleur tout autour et ce que tu as vidé apparaît, comme si c'était plein !

Astuce :

Tu peux aussi recouvrir le dessin de ta barquette avec de l'encre pour tampons, le résultat sera tout aussi joli !

ÊTRE ZEN, C'EST SENTIR LE VIDE ET LE PLEIN EN MÊME TEMPS

Pose 5 objets devant toi dans un plateau. Mets-les tous d'un côté et observe bien ! D'un côté c'est tout vide, et de l'autre tout plein. Maintenant, déplace un objet dans chaque coin du plateau et mets le cinquième au centre. Que vois-tu ? Qu'est-ce qui est vide, qu'est-ce qui est plein ?

LES PAS-À-PAS :

1

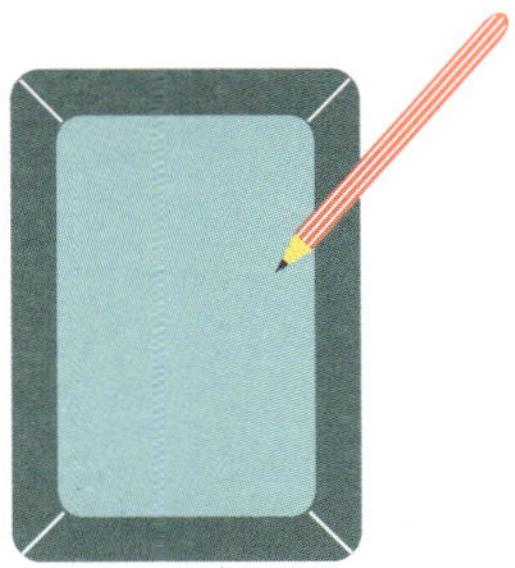

Prends une barquette en polystyrène, un stylo ou un crayon bien taillé. Grave ton dessin au dos de la barquette en appuyant bien avec le crayon ou le stylo.

2

Applique de la peinture sur l'ensemble de ton dessin à l'aide d'un pinceau.

3

Retourne la barquette et pose-la côté peinture contre une feuille de papier. Presse bien la barquette avec ta main.

4

Retire délicatement la barquette de ta feuille. Ton dessin sérigraphié vient d'apparaître !

5

Avec un feutre foncé, dessine un cadre autour de ton dessin.

6

Passe ta barquette sous l'eau et enlève la peinture avec une éponge avant qu'elle soit sèche. Réutilise ta barquette gravée et applique une autre couleur dessus.

7

Procède de la même façon que les étapes 3, 4 et 5 pour imprimer un autre dessin.

8

Imprime autant de dessins que tu veux et expose tes jolies sérigraphies sur les murs de ta chambre !

MES PETITES POULES
à accrocher

MATÉRIEL

* Pinces à linge en bois
* Peinture, pinceaux
* Papiers colorés
* Crayon à papier
* Ciseaux
* Colle multisupport
* Feutres
* Plumes

Pour tenir des bonnes idées à ne pas oublier, des photos ou des listes de courses, fabrique des superbes pinces-poules !

Personnalise :

Fabrique d'autres animaux ou des insectes avec tes pinces à linge ! Par exemple, tu peux les transformer en crocodiles, caméléons, libellules ou papillons. L'imagination n'a pas de limite !

LES PAS-À-PAS :

1

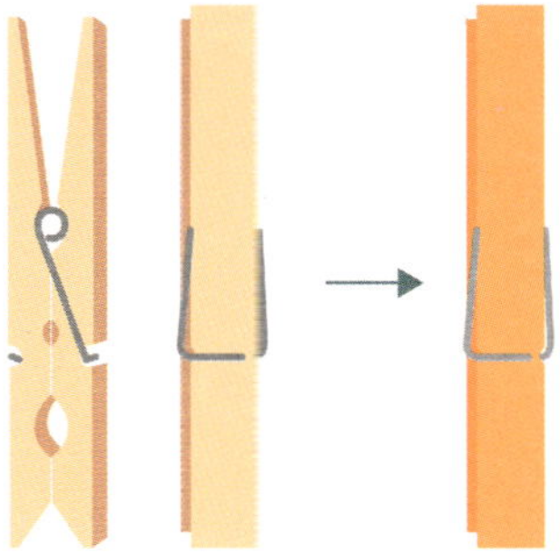

Récupère plusieurs pinces à linge, de préférence en bois. Peins l'extérieur de la pince avec de la peinture à l'eau.

2

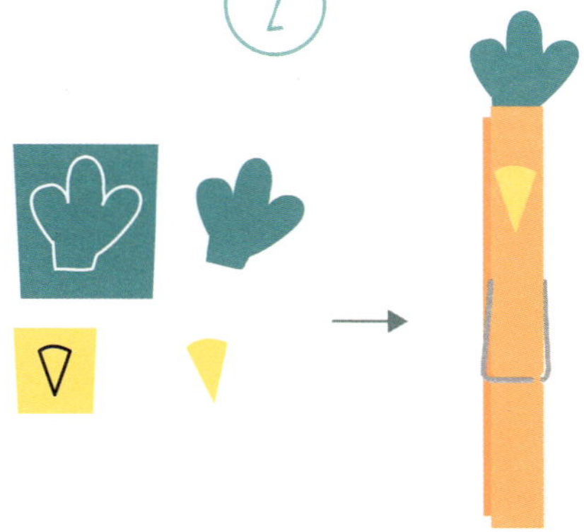

Dessine puis découpe un bec et une petite « houppette » dans des papiers colorés. Colle le bec sur la partie haute de la pince à linge, en veillant à laisser un peu de place pour dessiner les yeux. Colle la houppette tout en haut.

3

Avec des feutres, décore la pince. Tu peux dessiner des lignes, des points, des zigzags... Prends un feutre foncé pour dessiner les yeux (ouverts ou fermés, à toi de choisir).

4

Enfin, colle une plume à l'arrière de la pince et laisse-la dépasser au-dessus de la tête de la poule.

5

Maintenant que tu as la technique, imagine tout un poulailler !

ÊTRE ZEN, C'EST TOUCHER SES ÉMOTIONS SANS S'ACCROCHER

Que tu sois très triste ou très gai, en colère ou tranquille, mets ton émotion dans tes poings et serre-les bien fort en inspirant, puis relâche doucement les mains en expirant et laisse l'émotion s'envoler. Recommence. Pas besoin de s'accrocher aux émotions, laisse-les danser ! Elles vont peut-être même se transformer !

Crée encore :

Avec une planche en bois, un fil élastique et une agrafeuse murale, fabrique-toi un super tableau d'affichage pour y accrocher des petits mots avec tes adorables pinces à linge !

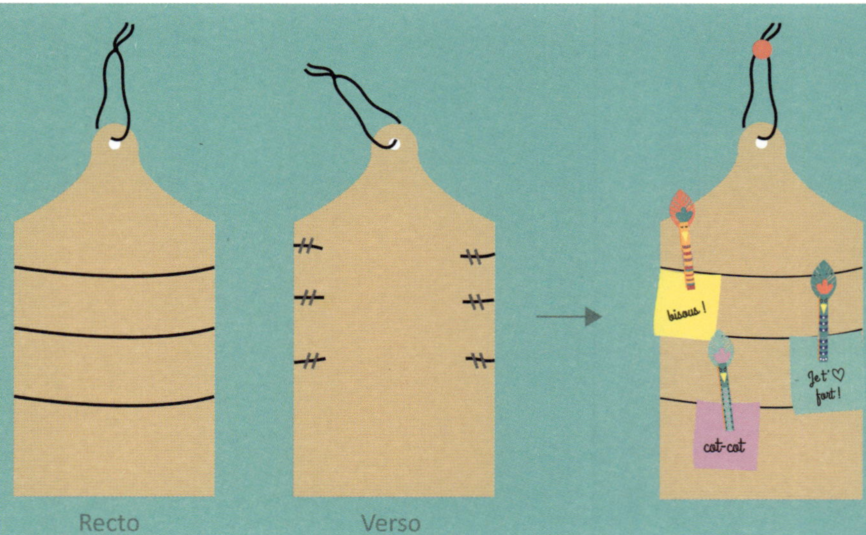

MON MOBILE
petit bateau

MATÉRIEL

* Boîte à fromage en bois
* Papiers colorés épais (bleu foncé et clair, vert et blanc)
* Crayon à papier
* Ciseaux, feutres
* Colle multisupport
* Cure-dents
* Ruban adhésif
* Cutter
* Laine, perle, ficelle

ÊTRE ZEN, C'EST SE LAISSER PORTER

Ferme les yeux et imagine que tu es sur l'eau, comme ce bateau sur un lac paisible. Ton cœur bat comme le soleil qui réchauffe ta peau. Le va-et-vient de ta respiration est comme l'eau qui te porte. Tes pensées sont comme le vent et les oiseaux dans le ciel : elles traversent mais ne cachent pas le ciel, qui reste tranquille. Ouvre doucement les yeux et vois comme tout ça est peut-être là, autour de toi !

Avec ce beau cadeau, c'est comme si tu disais « Je t'offre le vent, le soleil et l'eau tranquille pour te sentir bien ! » Voici comment faire...

Personnalise :

Imagine d'autres paysages ! Pourquoi pas une nuit étoilée ? Remplace les nuages par des étoiles et le bateau par de petites maisons pour créer un village.

LES PAS-À-PAS :

1

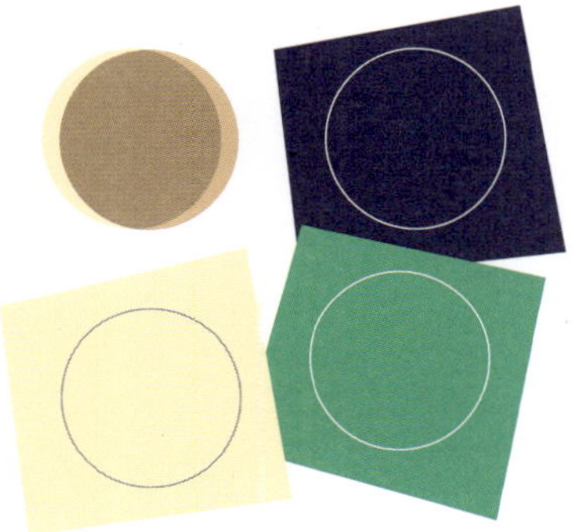

Prends un couvercle de boîte à fromage et des papiers colorés un peu épais. Sers-toi du couvercle comme gabarit pour dessiner 3 cercles : 1 cercle bleu foncé, 1 cercle vert et 1 cercle blanc.

2

Découpe les cercles.

3

Dans le haut du cercle blanc, dessine un arc-en-ciel et colorie-le. Puis dessine des petites montagnes dans le bas du cercle vert. Découpe les deux formes.

4

Avec du papier bleu clair et blanc, dessine des nuages : 2 grands et 2 petits. Découpe-les et colle les petits nuages blancs sur les bleus. Ajoute des petits points avec un feutre bleu.

5

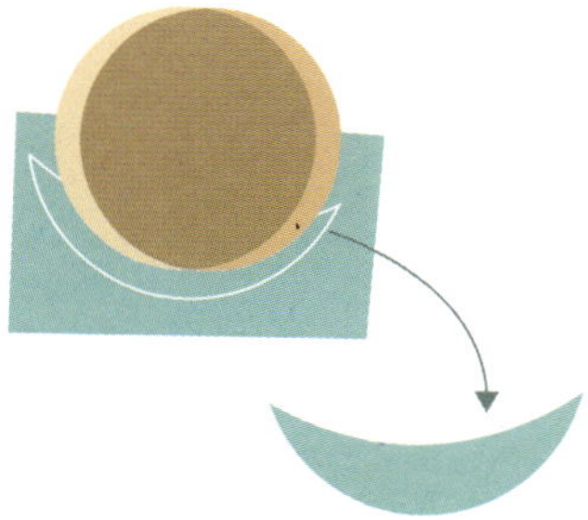

Pose le couvercle de la boîte à fromage sur du papier bleu clair et dessine la mer. Regarde bien le croquis, la forme de la mer doit être plus large que ton couvercle. Découpe la forme.

6

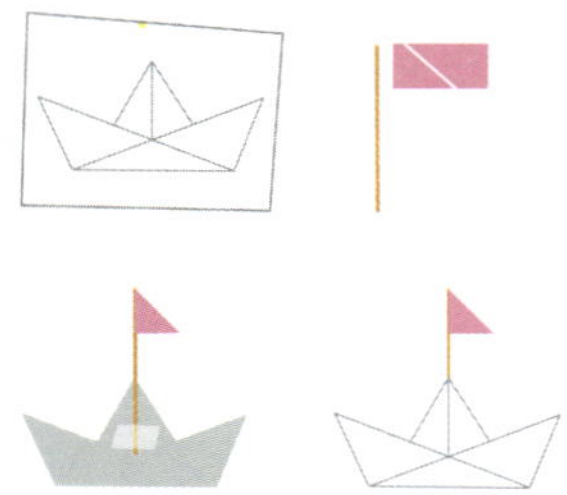

Dessine un petit bateau sur du papier blanc. Fabrique un mas avec un cure-dents et un petit morceau de papier en forme de drapeau. Découpe le bateau et colle le mas avec un morceau de ruban adhésif.

7

Dans le fond du couvercle de la boîte à fromage, colle le cercle bleu, puis l'arc-en-ciel et la montagne. Réalise 4 entailles sur les côtés avec un cutter pour insérer les 2 nuages et les pointes de la forme « mer ».

8

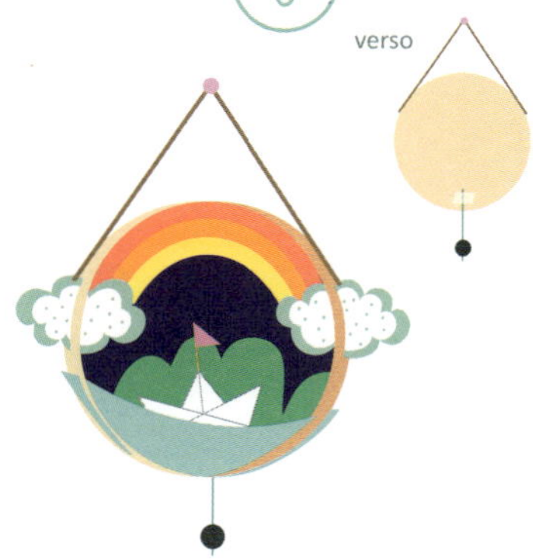

Avec du ruban adhésif, suspens un petit morceau de laine avec une perle au bout dans le bas du mobile. Enfin, fixe un petit cordon à l'arrière du mobile avec du ruban adhésif pour l'accrocher au mur.

PARTIE 2

Décorer

MON AQUARIUM

MATÉRIEL

* Boîte à chaussures
* Peinture, pinceau
* Papiers colorés un peu épais (nuances de bleu, blanc)
* Crayon à papier
* Ciseaux
* Colle multisupport
* Feutres
* Épingles à tissu
* Marteau en bois

ÊTRE ZEN, C'EST VOIR EN PROFONDEUR

Et pour ça, il faut s'arrêter un instant, prendre le temps pour voir vraiment ! Prends ta main droite dans ta main gauche et regarde-la comme pour la première fois. Tu peux faire le tour de chaque doigt, sentir la peau, voir les dessins d'un côté et de l'autre. Tu peux palper le petit doigt, puis les autres, et sentir les os à l'intérieur, les faire bouger, se plier. Rappelle-toi tout ce que tu as fait avec tes mains aujourd'hui. C'est incroyable non ?

Un aquarium, c'est tout un monde de silence et de couleurs. Ça fait du bien !

Astuce :

Si tu n'as pas d'épingles, tu peux attacher chaque élément de décoration (poissons, hippocampe, méduse...) à un morceau de fil, que tu fixeras en haut du couvercle de la boite à chaussures.

LES PAS-À-PAS :

1

Peins les bords du couvercle d'une boîte à chaussures en bleu. Découpe un rectangle de la taille du couvercle, 2 formes arrondies et une anémone dans des papiers colorés bleus.

2

Colle les 3 petites formes sur le rectangle.

3

Sur une feuille de papier blanc, dessine des poissons, un hippocampe, une méduse, des algues et du corail. Colorie ces formes.

4

Découpe les formes colorées.

5

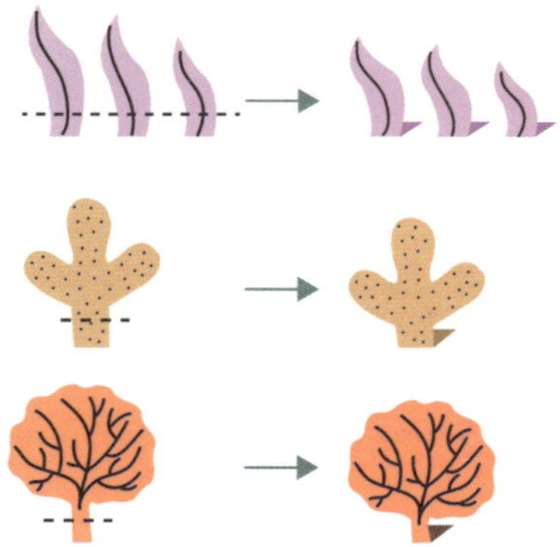

Plie le bas des algues et du corail pour créer de petites languettes.

6

Colle le rectangle bleu dans le fond du couvercle de la boîte à chaussures, puis colle les algues et le corail sur le bord inférieur du couvercle.

7

Prends plusieurs épingles à tissu et épingle chaque élément de décoration (poissons, méduse, hippocampe) en son centre.

8

Dispose tous les éléments de ton aquarium en enfonçant la pointe des épingles sur le fond du couvercle. Tu peux t'aider d'un petit marteau en bois pour enfoncer les éléments plus facilement.

MA DRÔLE de famille

MATÉRIEL

* Grandes cuillères en bois
* Feuille de papier
* Crayon à papier
* Peinture, pinceaux
* Feutres
* Rubans, strass ou morceaux de laine
* Petits crochets
* Colle multisupport

On a tous une drôle de famille. Amuse-toi à dessiner les membres de ta famille comme ils sont aujourd'hui ou le matin au réveil... Vont-ils se reconnaître ?

ÊTRE ZEN, C'EST ÊTRE UNIQUE ENSEMBLE

Comme les cinq doigts de la main ! Regarde bien : pose une main à plat sur la table face à quelqu'un qui fait comme toi. Chacun votre tour, faites un geste comme un numéro de cirque, jusqu'au salut final où vos cinq doigts, bien redressés sur le poignet, saluent l'autre main... Tous différents mais tous ensemble, d'un seul mouvement !

Personnalise et transforme :

Tu peux également créer des personnages de contes ou des animaux. Attache un morceau de tissu avec un joli ruban au manche de ta cuillère et transforme-la en marionnette !

LES PAS-À-PAS :

1

Récupère de vieilles cuillères en bois. Pose-les sur une feuille de papier et dessine leur contour.

2

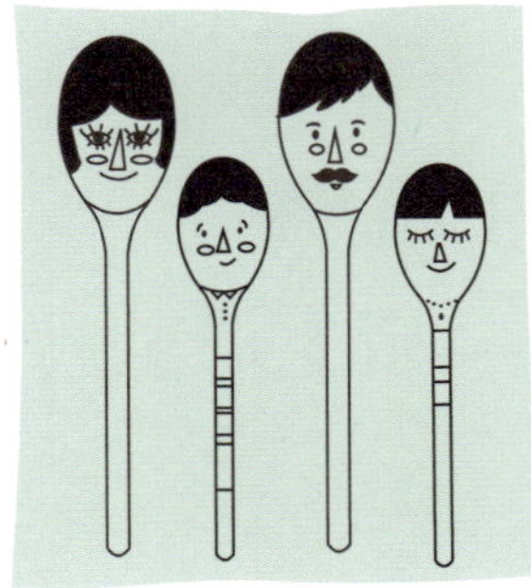

Transforme tes formes de cuillère en personnages. À toi de jouer ! Imagine tes parents, tes frères et sœurs, tes grands-parents et, pourquoi pas, tes animaux de compagnie...

3

Une fois que tu as sélectionné tes plus jolis dessins, garde-les comme modèles pour les dessiner sur les cuillères avec un crayon à papier.

4

Utilise de la peinture ou des feutres pour colorier les visages.

5

Ensuite, colorie les manches des cuillères en imaginant les habits ornés de grosses rayures, petits cols, cravates et bijoux.

6

Enfin, tu peux customiser tes cuillères en ajoutant des rubans, des morceaux de laine, des strass, etc.

7

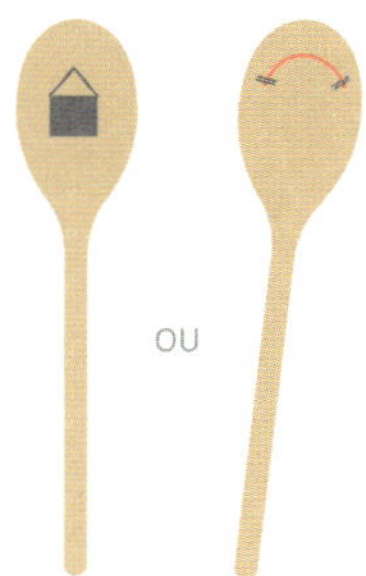

Au dos des cuillères, colle des crochets en métal pour les suspendre. Si tu n'as pas de crochets, fabrique-les en agrafant un morceau de ficelle avec une agrafeuse murale.

8

Tu peux aussi disposer tes jolies créations dans un pot ou une carafe pour décorer la table!

MES JOLIES
rosaces tissées

MATÉRIEL

* Assiettes en carton
* Pelotes de laine (plusieurs couleurs)
* Ciseaux
* Grosse aiguille à laine (ou petit morceau de bois)

Une rosace, c'est comme le cœur, c'est de toutes les couleurs, comme nos émotions. Offrir une rosace, c'est offrir un peu des couleurs de ton cœur !

ÊTRE ZEN, C'EST RAYONNER COMME LA ROSE

Mets-toi en boule, comme un bouton de rose qui ne s'est pas encore ouvert, puis attends un peu. Écoute ton cœur et ta respiration, sens l'air, la chaleur et la lumière autour de toi. Petit à petit, étends un doigt, un bras, un pied, une jambe, puis déroule ton cou, étire ta tête jusqu'à être tout ouvert, tout rayonnant comme une rose !

Idée déco :

Réalise plusieurs rosaces avec des assiettes en carton de couleurs et de formes différentes, puis accroche-les au mur de ta chambre !

LES PAS-À-PAS :

1

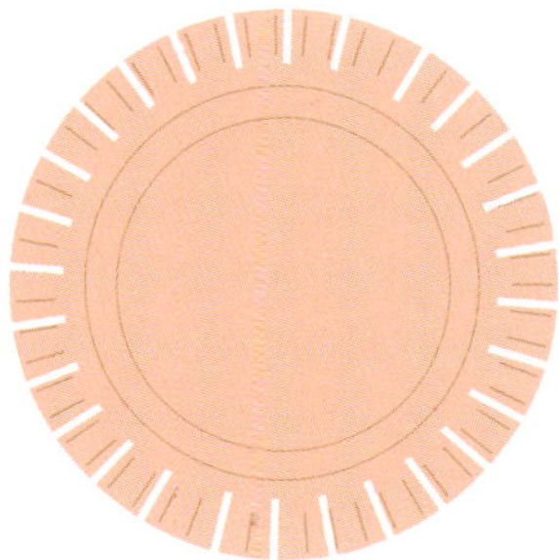

Récupère une assiette en carton et découpe sur le bord de celle-ci des encoches d'environ 1,5 cm de longueur tous les 2 cm.

2

Réunis plusieurs pelotes de laine de couleurs différentes et une grosse aiguille (facultatif).

3

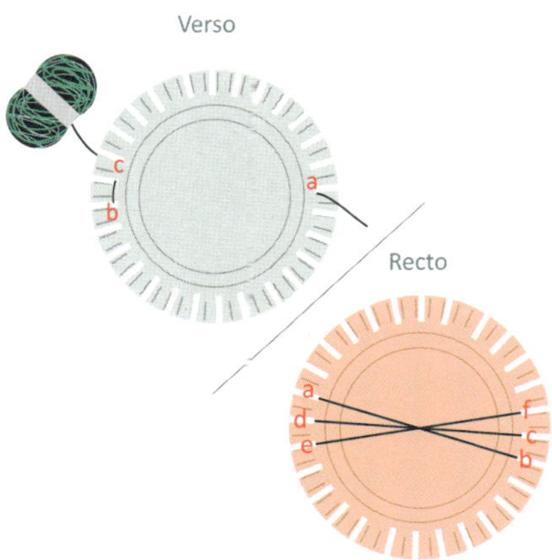

Avec de la laine, réalise la « chaîne » de ton tissage. Pour cela, tu vas créer des rayons : passe le fil dans une encoche (a), tends-le en passant par le recto de l'assiette et fais-le repasser par une encoche a l'opposé de la première (b).

4

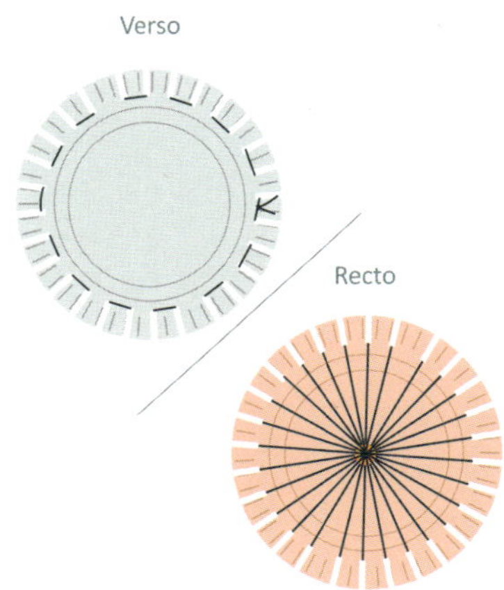

Répète l'opération jusqu'à ce que tous les rayons de la chaîne soient formés, comme sur l'image. Noue les deux extrémités de tes fils ensemble.

5

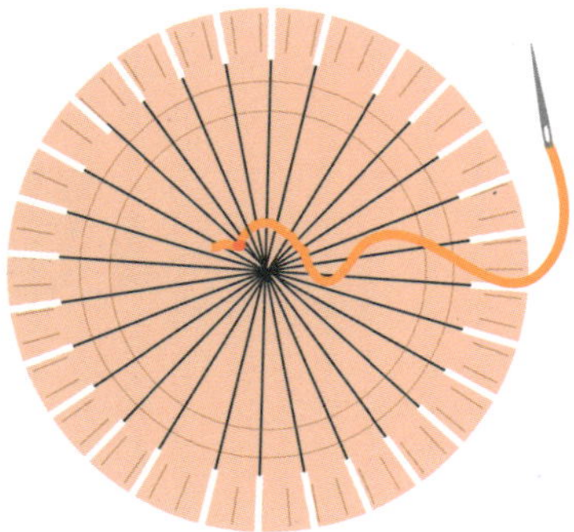

Choisis une nouvelle couleur de laine pour réaliser le début de la « trame » de ton tissage. Coupe ton fil à la longueur que tu souhaites (minimum 50 cm). Noue une extrémité du fil à un rayon près du centre de l'assiette et attache une aiguille au bout de l'autre extrémité.

6

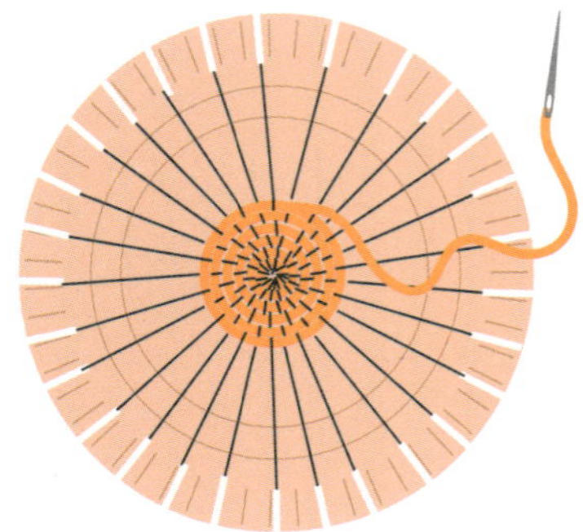

Ça y est... tu vas commencer ton tissage ! Passe ton fil une fois au-dessus d'un rayon, puis une fois en dessous d'un autre. Forme ainsi plusieurs tours en spirale.

7

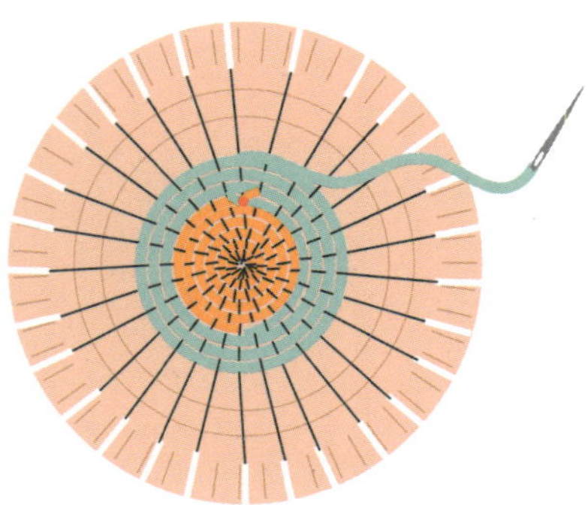

Lorsque tu n'as plus de fil, change de couleur de laine en nouant ensemble les extrémités des deux fils colorés.

8

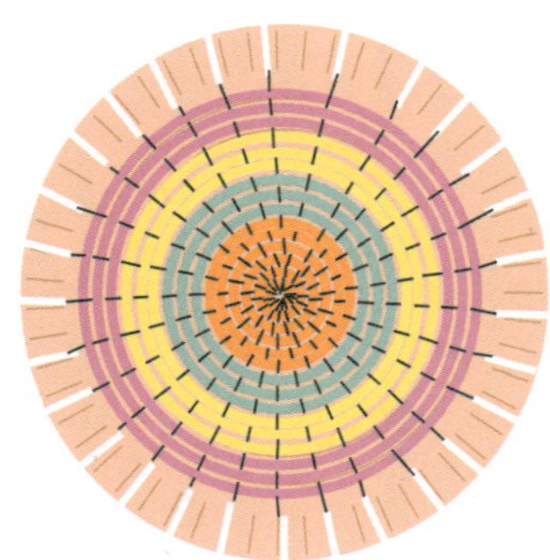

Continue ton tissage avec d'autres couleurs.

MES MASQUES
déco rigolos

MATÉRIEL

* Boîtes de 12 œufs
* Ciseaux
* Peinture, pinceaux
* Colle multisupport
* Pistolet à colle

Sur un masque, les yeux, la bouche, les oreilles et le nez sont exagérés, bien plus grands que sur un vrai visage. Amuse-toi à fabriquer des masques pour décorer ta maison.

ÊTRE ZEN, C'EST CHANGER EN UN INSTANT

Voici un petit jeu à plusieurs. Chacun de son côté pense à une émotion. Puis tout le monde ferme les yeux, sauf l'un d'entre vous, qui dit son émotion et compte jusqu'à 5 à voix haute. Pendant ce temps, les autres doivent alors faire un geste qui ressemble à quelqu'un qui met un masque sur son visage : un masque d'émotion. À 5, tout le monde ouvre les yeux et découvre les masques-émotions. Comment se comportent le corps et la respiration quand on porte le masque joyeux ? Ou celui de la colère ? On peut même jouer avec deux masques-émotions, un dans chaque main, qu'on met l'un après l'autre. Étonnant comme on change vite non ?

Transforme :

Pour transformer ton masque mural en statuette, colle un bâton en bois sur un petit socle de la même matière et fixe ton masque à l'extrémité du bâton avec un pistolet à colle.

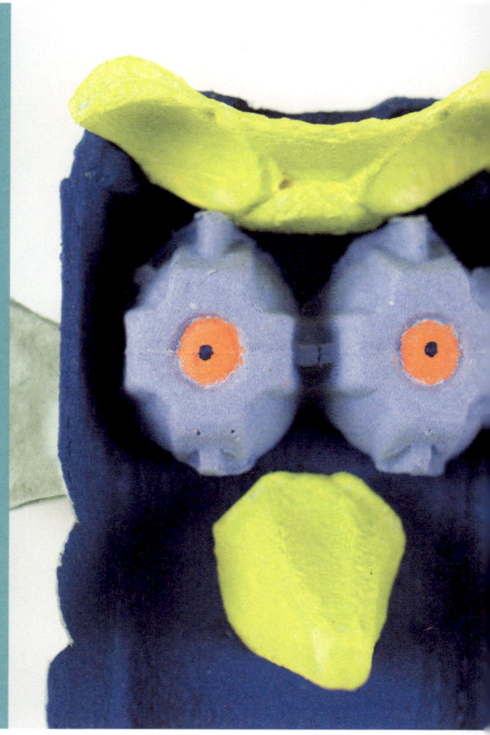

LES PAS-À-PAS :

1

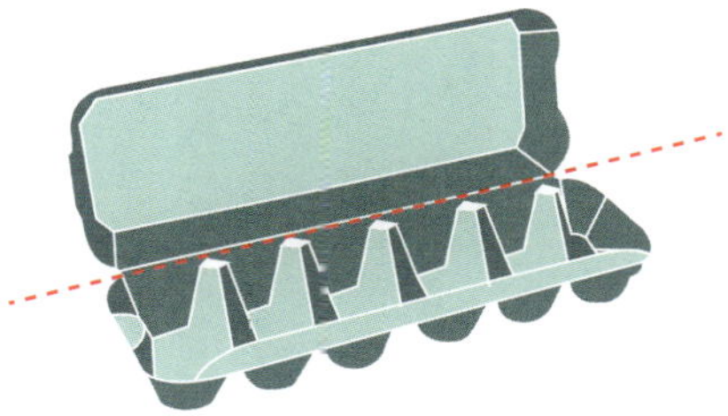

Avec une paire de ciseaux, découpe le couvercle d'une boîte d'œufs afin de le séparer du reste de la boîte.

2

Découpe les alvéoles du fond de la boîte d'œufs deux par deux pour faire les yeux et une pointe pour faire le nez. Tu as plusieurs possibilités : yeux = alvéoles recto (bosses, a) ou alvéoles verso (creux, b), nez = pointe (c).

3

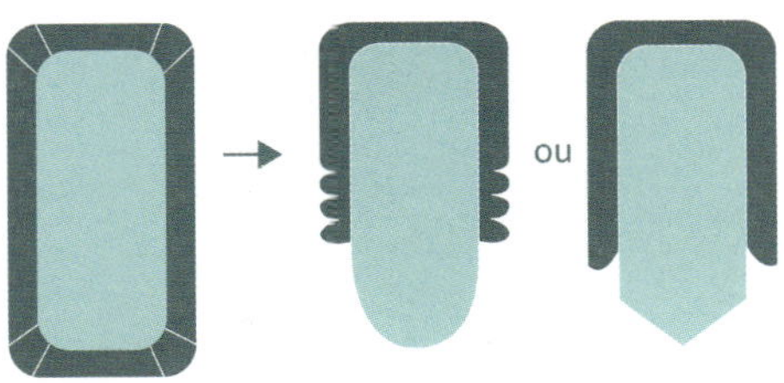

Découpe le couvercle pour former le visage : 2 modèles te sont proposés sur l'image.

4

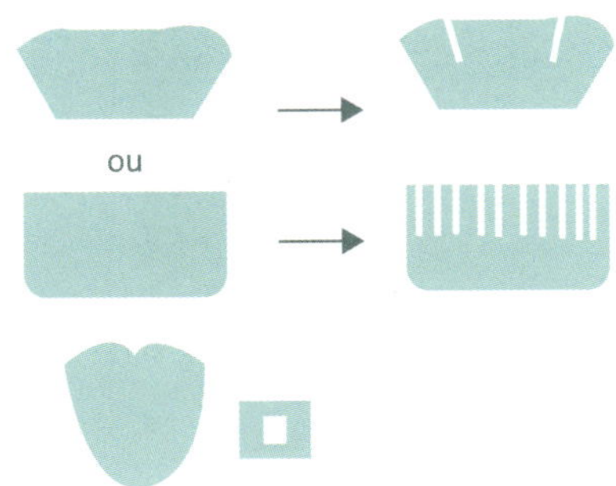

Avec les chutes du couvercle, découpe des formes pour créer des cheveux ou un chapeau, un menton et une bouche.

5

Tu peux peindre chaque élément ou alors garder leur couleur d'origine. Si tu as récupéré plusieurs boîtes d'œufs, tu verras qu'il en existe des jaunes, des vertes, des bleues et même des violettes !

6

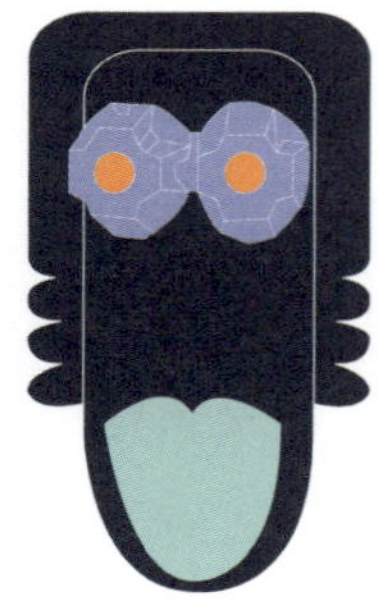

Assemble les yeux et le menton de ton masque avec de la colle. Tu peux avoir besoin d'un pistolet à colle pour fixer certaines parties plus facilement.

7

Une fois les yeux et le menton collés, ajoute le nez et la bouche.

8

Enfin, colle les cheveux et les oreilles.

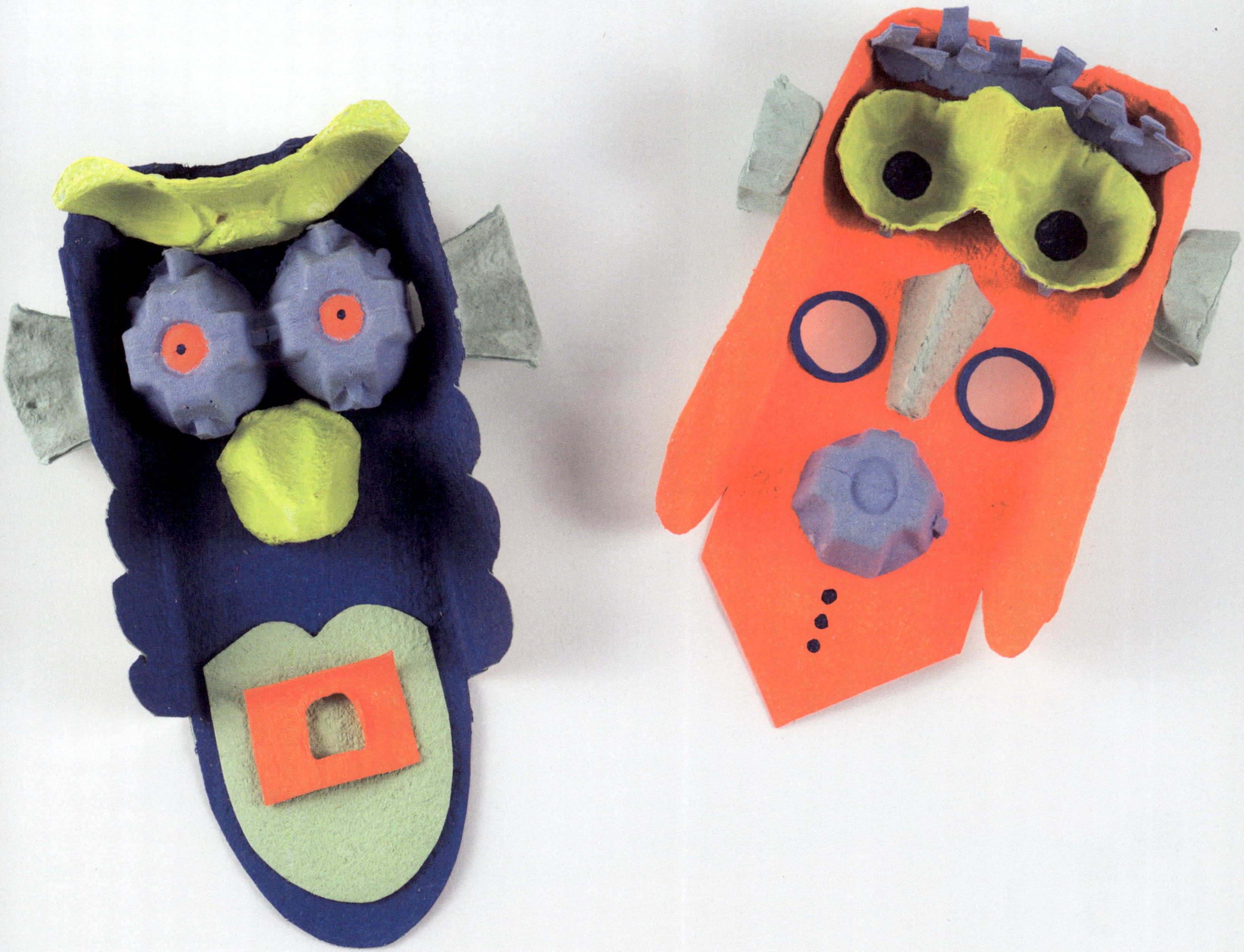

PARTIE 3

Jouer

MES VOITURES
de course

MATÉRIEL

* Carton
* Feutres
* Ciseaux
* Cure-dents
* Colle multisupport, pistolet à colle
* Peinture
* Papiers colorés
* Bouchon en liège
* Couteau

Quelquefois, on se promène sur les petits chemins et, d'autres fois, on file à toute allure sur la grande route. Fabrique des voitures aux couleurs de tes humeurs et de celles de tes copains !

Gabarit voiture

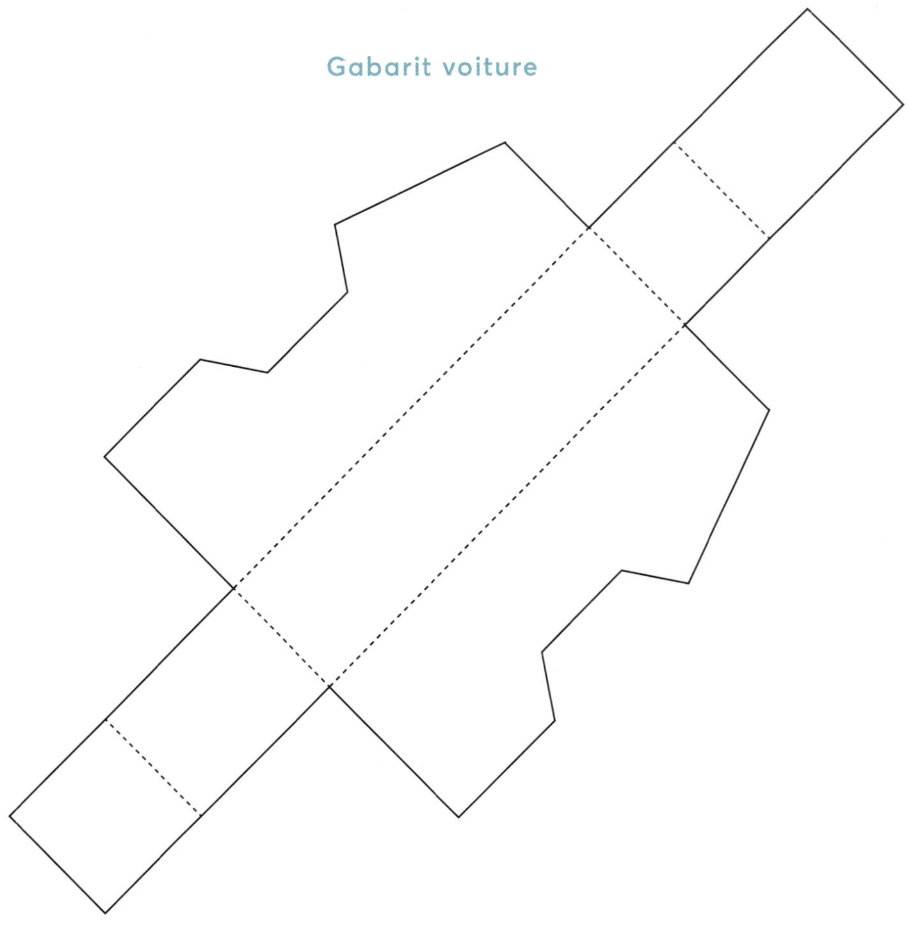

ÊTRE ZEN, C'EST ÊTRE VIF COMME L'ÉCLAIR

Dessine un rectangle sur une feuille. Avec les yeux, relie chaque coin du rectangle en suivant les lignes. Commence en haut à gauche et va vers la droite, puis descends, va vers la gauche et enfin remonte. En partant du point en haut à gauche, descends directement en bas à droite, puis remonte à droite. Et là, descends directement en bas à gauche. Fais-le doucement, puis de plus en plus vite. Te sens-tu vif comme l'éclair ?

LES PAS-À-PAS :

1

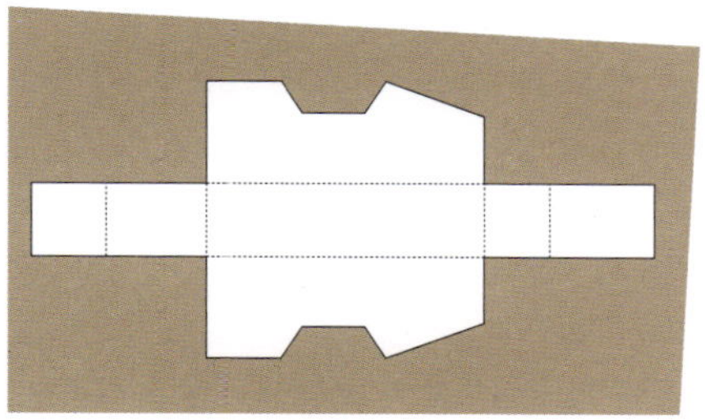

Photocopie le gabarit de la voiture ci-contre, en l'agrandissant de 40 %. Pose-le sur un morceau de carton et dessine le contour avec un feutre.

2

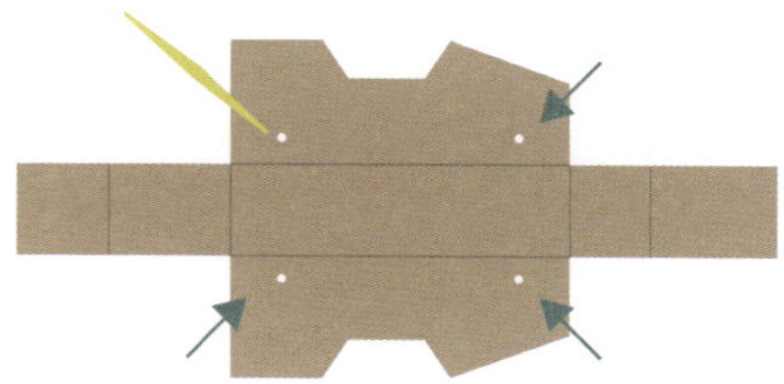

Découpe la forme du gabarit. À l'aide d'un cure-dents, perce 2 petits trous de chaque côté de la forme, à l'endroit des roues, comme sur l'image ci-dessus.

3

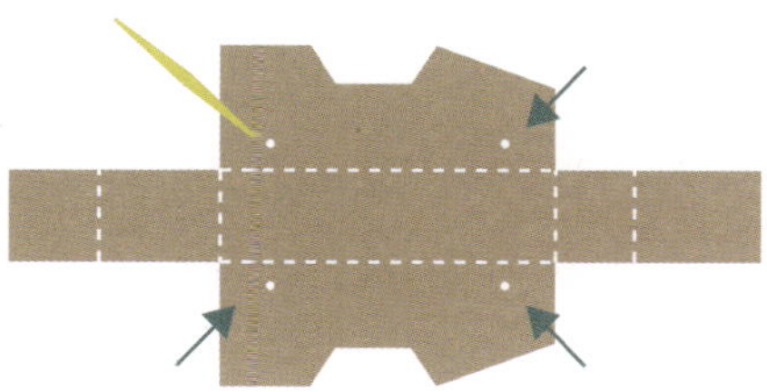

Marque les plis au niveau des pointillés. Si le carton est trop épais, tu peux passer une lame de cutter sur les plis, sans trop appuyer pour ne pas traverser toutes les couches du carton.

4

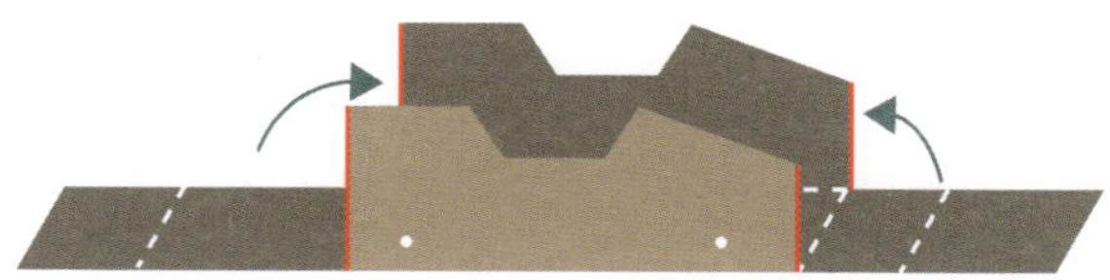

Dépose de la colle sur les tranches du carton signalées en rouge (ce sera plus facile avec un pistolet à colle) et rabats les côtés.

5

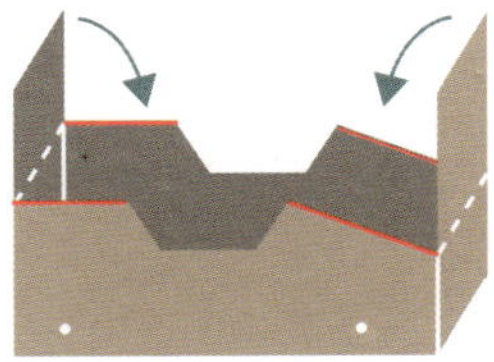

Fais de même avec les dernières parties à rabattre, comme sur l'image.

6

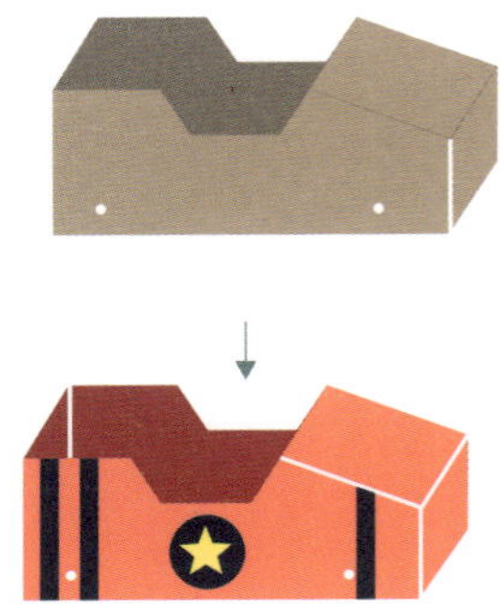

Peins l'extérieur de la voiture, puis décore-la en ajoutant des rayures et une étoile par exemple. Pour cela, utilise des feutres ou des papiers colorés.

7

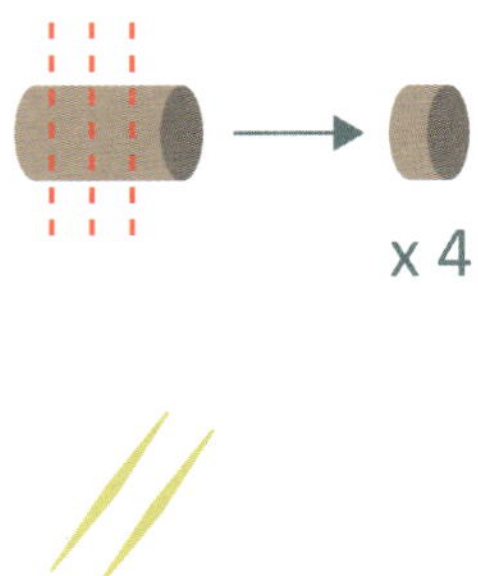

Pour fabriquer les roues, prends un bouchon en liège et découpe-le avec un couteau en 4 parties égales. Prépare 2 cure-dents.

8

Passe les cure-dents à travers les trous avant et arrière de la voiture. Enfonce ensuite les morceaux de bouchon de liège à chaque extrémité des cure-dents pour faire les roues.

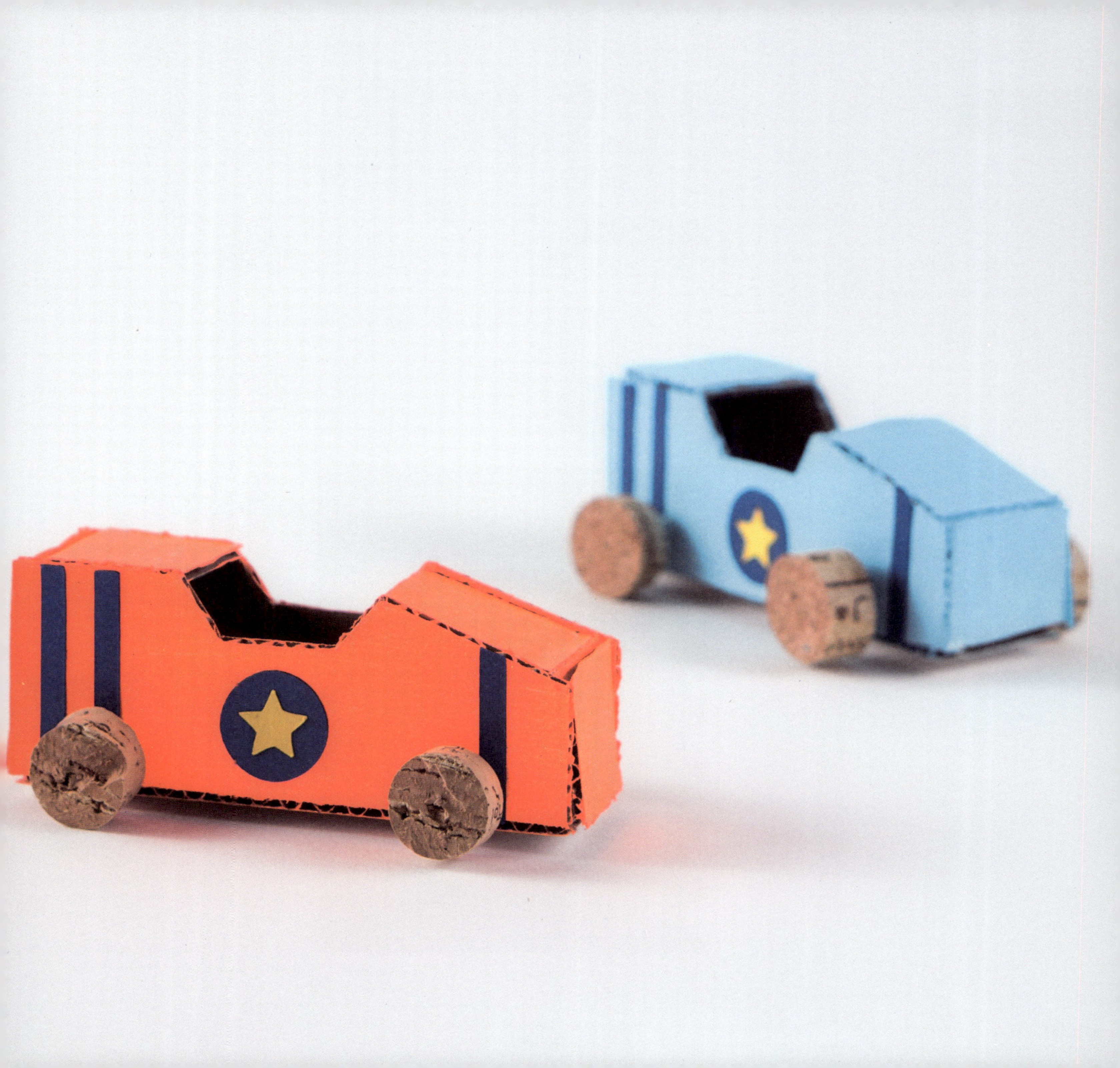

MES PETITS *avions*

MATÉRIEL

* 8 bâtonnets en bois
* Colle multisupport ou pistolet à colle
* Peinture
* Ciseaux ou cutter
* Feutres

En route pour l'aventure avec des avions qui nous font voir le monde autrement !

ÊTRE ZEN, C'EST EXPLORER

Quand l'avion est au sol, il est comme le serpent qui sent le sol sous sa peau, mais ne voit pas le ciel. Puis sa tête se redresse, il décolle et s'envole. Et toi, si tu regardes le monde allongé sur le dos, à plat ventre, à genou ou tout redressé, debout sur ton lit, qu'est-ce que tu vois mieux et qu'est-ce que tu ne vois plus ? Qu'est-ce que ça change ? Est-ce que le monde est pareil autour de toi ?

Crée encore :

Que dirais-tu de fabriquer une piste d'atterrissage avec du carton et un petit peu de peinture noire et blanche ? Prêt à faire décoller tes petits avions ?

LES PAS-À-PAS :

1

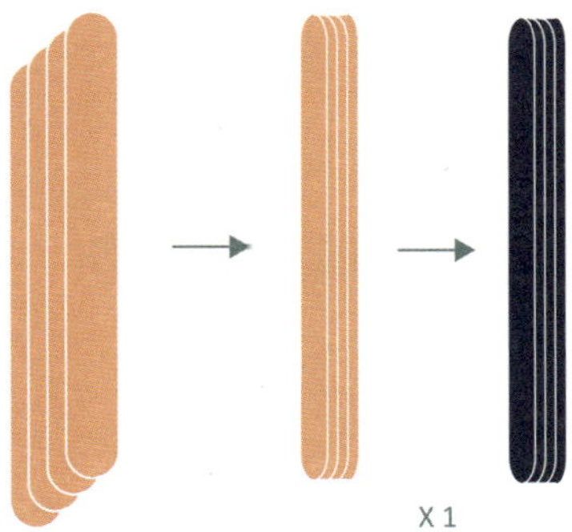

Pour créer la base de l'avion, colle 4 bâtonnets en bois les uns sur les autres, puis peins-les.

2

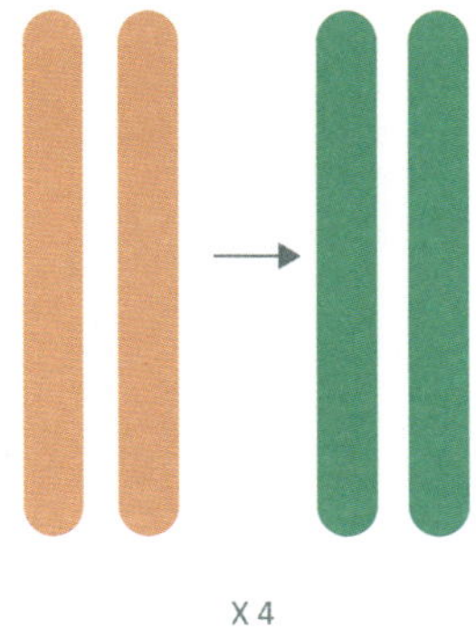

Peins 2 autres bâtonnets en bois dans une autre couleur. Ils serviront pour les ailes de devant.

3

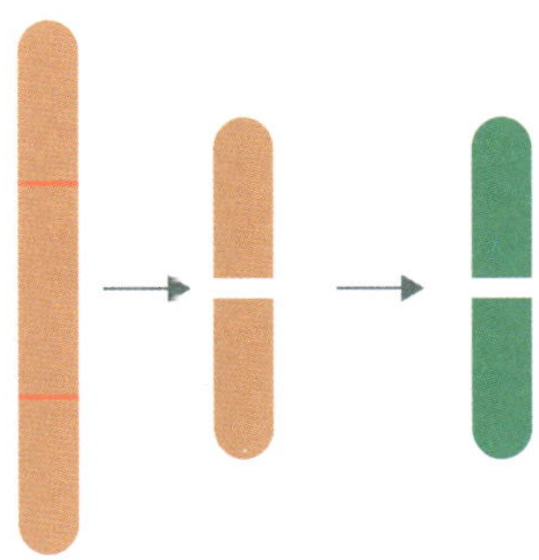

Prends un autre bâtonnet et coupe chaque extrémité, comme sur l'image, avec un cutter ou une bonne paire de ciseaux. Ce seront les ailes de derrière. Peins-les de la même couleur que celles de devant.

4

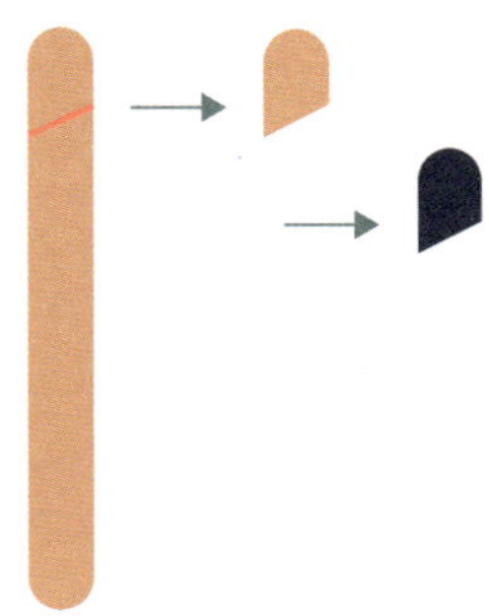

Coupe l'extrémité d'un autre bâtonnet en diagonale pour réaliser l'aileron de l'avion. Un petit morceau suffit. Peins-le de la même couleur que la base de l'avion.

5

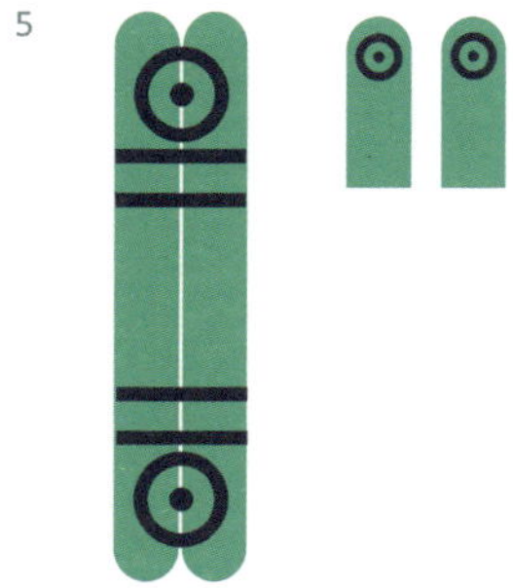

Décore tes ailes en dessinant des ronds et des traits au feutre.

6

Avec de la colle, assemble les ailes avec la base.

7

Colle les ailes de derrière.

8

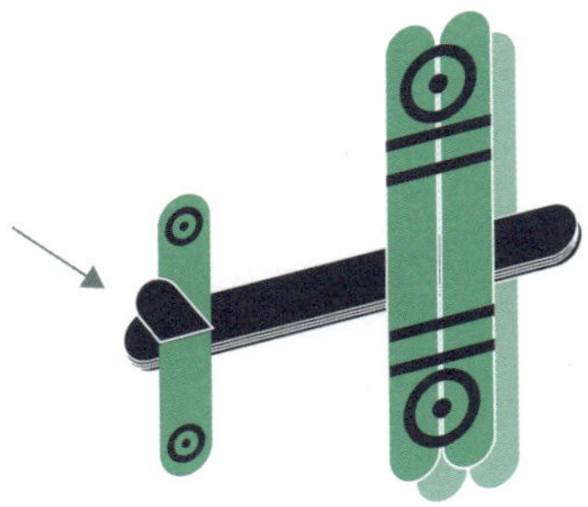

Et enfin, colle l'aileron au centre des ailes.

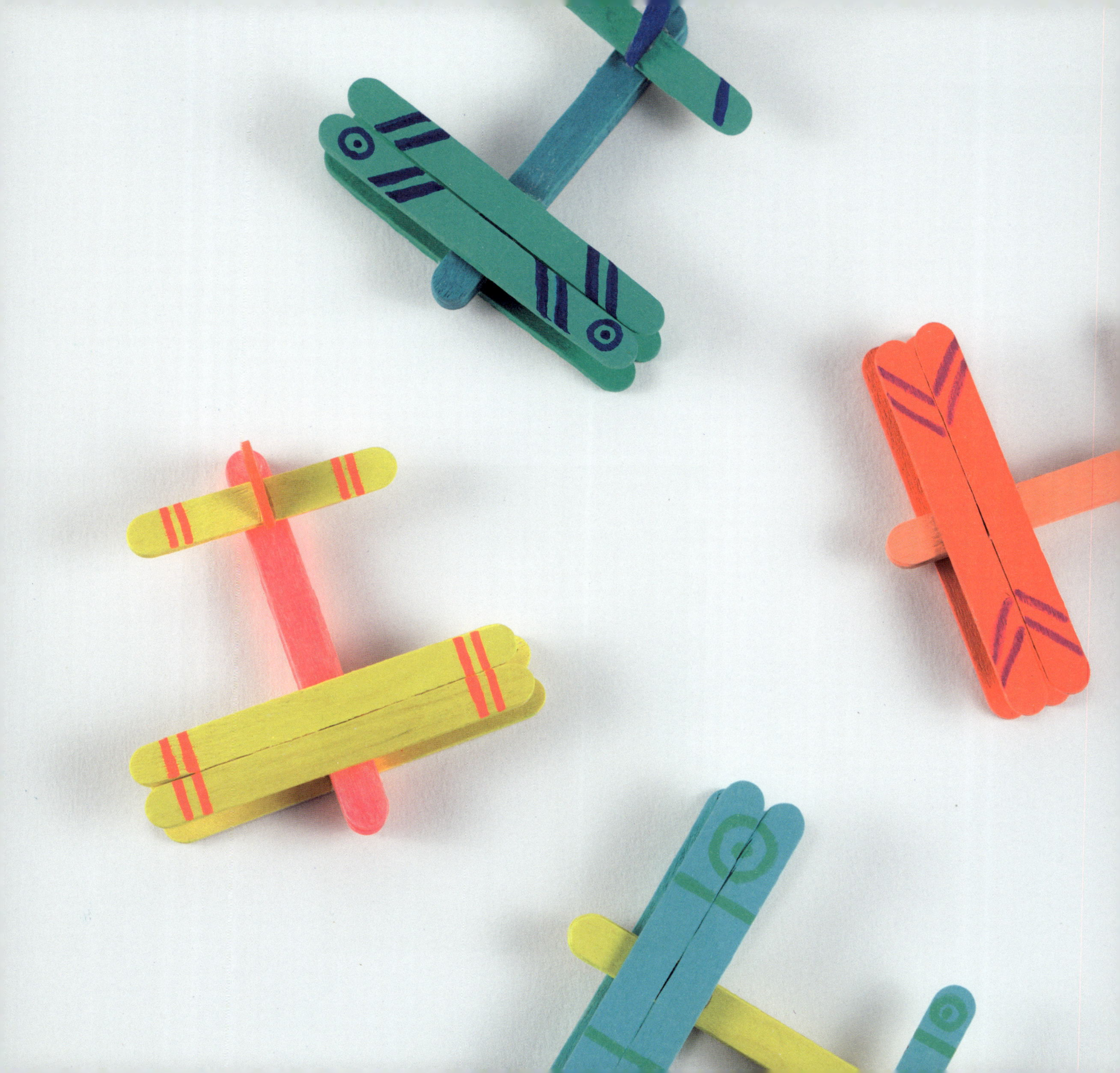

MA FLÛTE
de pan

MATÉRIEL

* 11 pailles en papier
* Règle
* Crayon à papier
* Ciseaux
* Colle multisupport
* Perles
* Fil de coton ou ficelle
* Petits pompons
* Cordon
* Masking tape ou ruban adhésif

ÊTRE ZEN, C'EST ÉCOUTER

Pour chanter ou jouer d'un instrument, il faut d'abord écouter. Quels sons entends-tu ? Sont-ils longs ou courts, lointains ou proches, aigus ou graves ? Raconte ce que tu as entendu avec ta flûte, comme si tu dessinais un paysage que tu avais vu, un moment où tu étais là, vraiment là, à l'écoute de ce que te disait le vent.

Les flûtes de pan sont nées dans les montagnes, là où le vent souffle dans les arbres et fait chanter leurs feuilles. Fabrique toi-même une flûte de pan pour jouer avec le vent !

Récup :

Garde précieusement tes chutes de paille dans ta boîte à récup. Tu auras sûrement l'occasion de les réutiliser dans un autre moment créatif !

LES PAS-À-PAS :

1

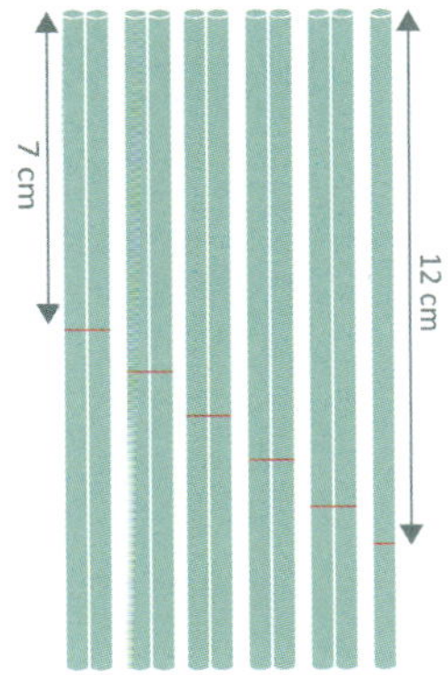

Avant de découper les pailles, marque les mesures à l'aide d'une règle et d'un crayon à papier. Il faut 2 pailles de 7 cm, 2 pailles de 8 cm, 2 pailles de 9 cm, 2 pailles de 10 cm, 2 pailles de 11 cm et 1 paille de 12 cm.

2

Découpe les pailles à la bonne taille à l'aide d'une paire de ciseaux.

3

Dispose les pailles comme sur l'image : la plus grande paille au milieu et les plus petites aux extrémités de façon à former une pointe.

4

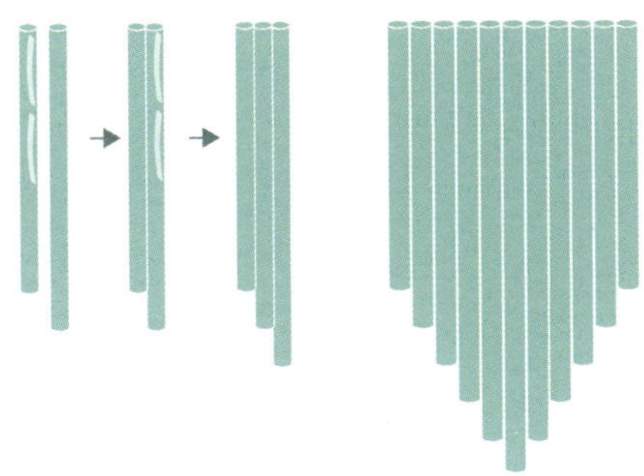

Colle les pailles les unes aux autres en respectant la disposition de l'étape n° 3.

5

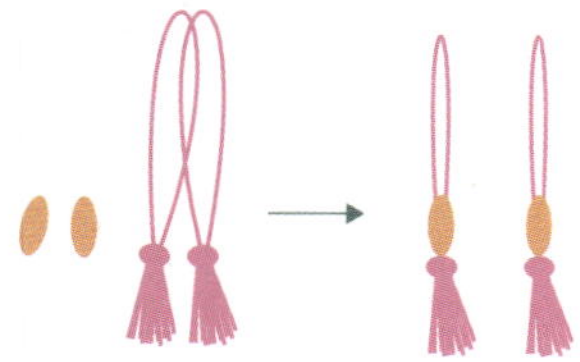

Prépare 2 petites breloques décoratives avec des perles, du fil et des petits pompons par exemple.

6

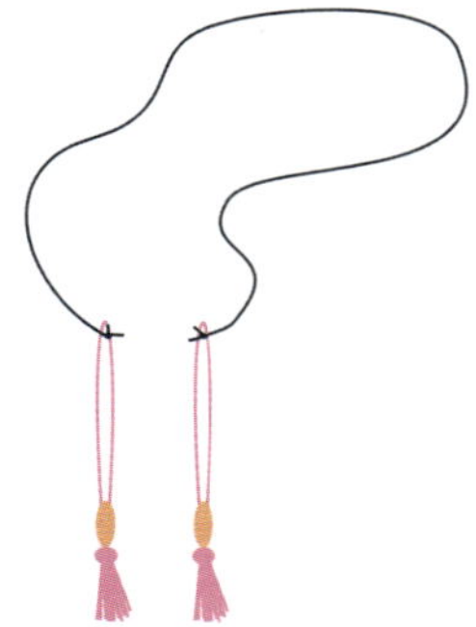

Accroche tes breloques aux extrémités d'un cordon suffisamment grand pour pouvoir suspendre la flûte autour de ton cou.

7

Dispose les breloques de part et d'autre de ta flûte.

8

Colle-les à ta flûte avec du masking tape ou du ruban adhésif.

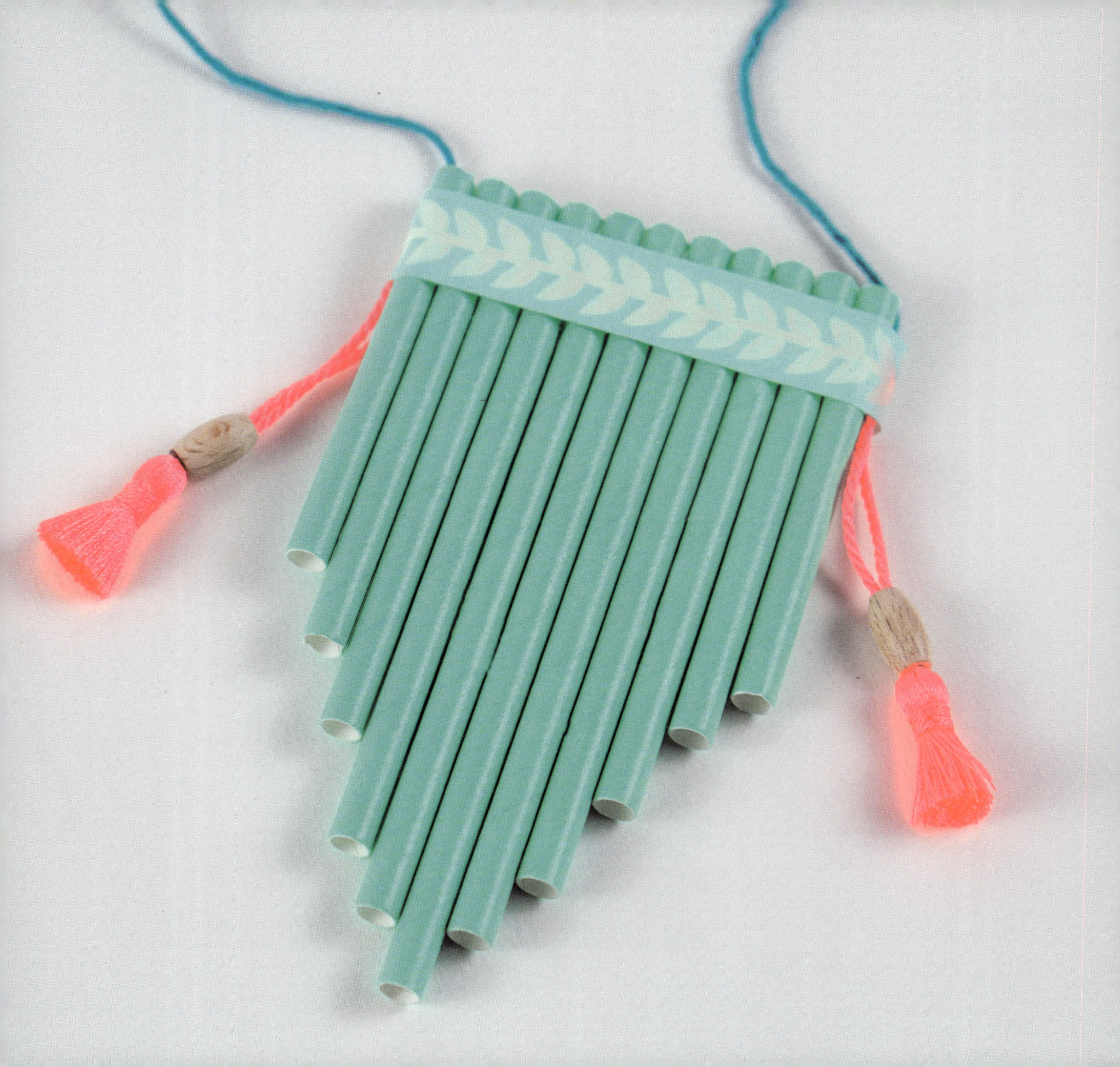

MON JEU
de dominos

Un super jeu simple et facile à emporter partout pour jouer avec petits et grands !

MATÉRIEL

* Grande boîte d'allumettes (8 cm x 15 cm x 3,5 cm)
* Papier coloré
* Crayon à papier
* Ciseaux, colle
* Masking tape (7 couleurs différentes)
* 28 bâtonnets en bois

ÊTRE ZEN, C'EST S'ÉMERVEILLER

Imagine que tu as un pied à la place de la tête… Pas très pratique, non ? Comme dans le jeu de dominos, ou la couleur bleue rejoint un autre bâtonnet de couleur bleue, dans notre corps, chaque partie est reliée à la suivante par des articulations qui lui permettent de bouger et d'être unie à tout l'ensemble. Amuse-toi à faire bouger chacune de tes articulations du bout des doigts jusqu'à la tête, puis de la tête aux pieds. Peut-être sentiras-tu que ta respiration accompagne chacun de tes gestes ? C'est merveilleux, n'est-ce pas ?

Astuce :

Tu peux aussi créer un mini-jeu de dominos avec une petite boîte d'allumettes. Pour fabriquer tes dominos, utilise alors les allumettes : coupe le bout rouge des allumettes, puis colorie les extrémités avec des feutres de couleur (modèle pour l'alternance des couleurs dans le croquis de l'étape n° 5).

LES PAS-À-PAS :

1

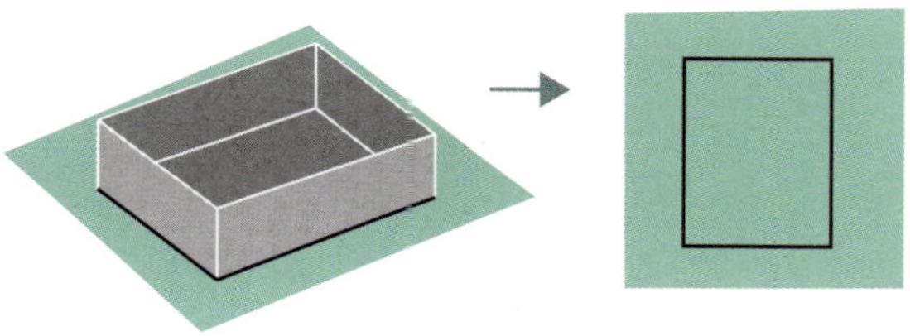

Récupère une grande boîte d'allumettes vide. Prends une feuille de papier coloré, pose le fond de ta boîte dessus et dessine le tour de la boîte avec un crayon à papier.

2

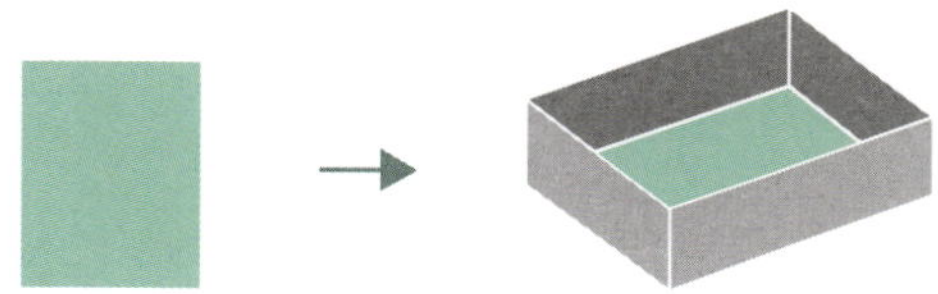

Découpe le rectangle de couleur et colle-le à l'intérieur de la boîte.

3

Décore le couvercle de la boîte en collant tout autour des bandes de masking tape. Tu peux aussi le peindre ou coller un joli papier à motif.

4

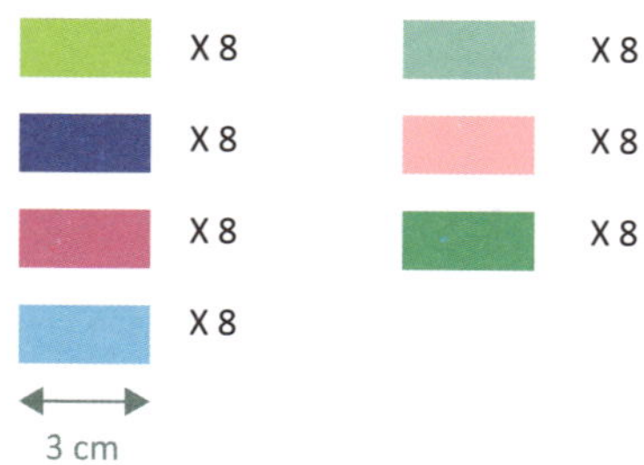

Choisis 7 couleurs de masking tape. Dans chaque couleur, découpe 8 morceaux de 3 cm. Si tu n'as pas de masking tape, tu pourras aussi peindre l'embout des bâtonnets en bois.

5

Colle tes morceaux de masking tape aux deux extrémités des bâtonnets en bois, en suivant bien le croquis pour respecter l'alternance des couleurs.

6

Range tes dominos dans ta belle boîte.
Es-tu prêt pour faire une partie ?

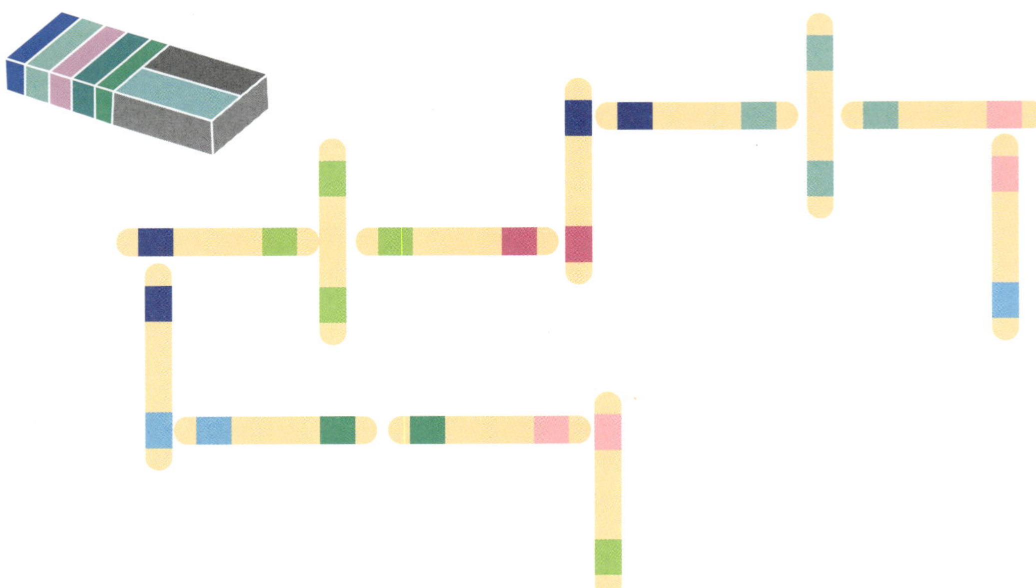

Abonnez-vous gratuitement à notre newsletter sur **creapassions.com** !

Téléchargez notre catalogue complet en scannant le QR code.

Suivez-nous sur Facebook et Instagram.

Dans la même collection :

Directrice de collection : Marion Turminel
Suivi éditorial : Nelly Mégret
Conception graphique et couverture : Elsa Antoine
Mise en page : Hélène Léonard

Des sociétés du groupe PUBLICATIONS
ISBN : 978-2-8141-0574-4
Dépôt légal : avril 2020.
Imprimé en U.E.